Ansaar International

Der Beginn

Andrea Mohamed Hamroune

AF236941

3

Auflage 1/ August 2018
Assira-Verlag
Coverbild: 123rf, yarruta
Covergestaltung: Andrea Mohamed Hamroune
Herstellung und Vertrieb
BoD- Books on Demand, Norderstedt
ISBN: 978-3-7528-8511-8

Inhaltsverzeichnis

Vorwort

Ansaar bedeutet Helfer. Das Wort kommt aus dem Arabischen. Ansaar International hat es sich zur Aufgabe gemacht, Menschen zu helfen, die sich in einer Notsituation befinden, in der sie sich nicht mehr alleine versorgen können oder auf dringende ärztliche Hilfe angewiesen sind, da das komplette Gesundheitssystem z.B. auf Grund einer Kriegssituation zusammengebrochen ist. In diesen Gebieten fehlt es an jeglicher Grundversorgung. Die Grundversorgung eines Menschen liegt im Bereich Körperhygiene, Kleidung, Nahrung, Medizin und Wasser. Egal in welchem Land oder in welcher Kultur wir uns befinden, der menschlich messbare Bereich ist immer gleich. Damit negiert Ansaar International religiöse und rassistische Unterscheidungen. Die Hilfe von Ansaar International richtet sich an den Menschen.

Ansaar International ist eine islamische Hilfsorganisation. Für viele Menschen ist es ein Dorn im Auge, dass gerade Muslime erfolgreich sind in der internationalen Unterstützung. Ob es nun Neid ist oder ein Konkurrenzkampf, ist schwer einzusehen. Normalerweise sollten die Hilfsorganisationen Hand in Hand arbeiten und sich gegenseitig unterstützen. Schon alleine ein offener Erfahrungsaustausch in schwierigen Gebieten, könnte dem gemeinsamen Anliegen zu helfen, dienlich sein. Es wäre auch förderlich, wenn der Staat sich positiv involvieren würde, anstatt durch üble Nachrede den Helfern Hindernisse in den Weg zu stellen.

Ansaar International wird ein salafistischer Hintergrund vorgeworfen. Weiß die Welt denn, was ein Salaf (ist)? - Die Salaf waren die Begleiter des Propheten Muhammad, Friede und Segen auf ihn, die uns die Sunna des Propheten überbracht haben. Die Sunna sind die Worte, Taten und stillschweigenden Billigungen des Propheten. Ein Muslim richtet sich zusammen mit dem Quran nach diesem Gesetz. Aus beiden Quellen, Quran und Sunna, schöpft der Muslim die Rechtsprechung oder den Ritus im

Islam. Quran und Sunna zuzüglich der vier Rechtsschulen, sind die Grundlage der islamischen Scharia. Das Wort Scharia bedeutet Ritus oder Weg zur Tränke.

Wir Muslime stehen zu diesen Fundamenten. Das ist kein Eingeständnis und bestätigt den Vorwurf, sondern mehr eine unausweichliche Tatsache.

Aber nun denn: Ansaar International hat es sich nicht zur Aufgabe gemacht, jedem Menschen ein islamisches Grundwissen zu verschaffen, sondern Ansaar International bietet weltweite transparente Hilfe für Menschen in Notlage. Das Motto lautet: „Sehen, wie die Hilfe ankommt".

Zu jedem Projekt, das Ansaar International in Bearbeitung hat, gibt es Videos auf Youtube zu sehen. Es lohnt sich daher in jedem Fall einmal reinzuschauen bei Youtube.

Ansaar International baut mit den Spendengeldern Brunnen, unterstützt Patenschaften für Waisenkinder und Ansaar International leistet Katastrophenhilfe. Ernsthafte Katastrophenhilfe brauchte Ansaar International noch nicht leisten. Afganistan, Gana und Nigeria waren einmal von einer Naturkatastrophe betroffen, sodass es notwendig war, zu unterstützen. So quer über den Daumen kann man sagen, dass der Mensch sich gegenseitig mehr in der Lage ist zu schaden, als die Natur es durch sich selbst je schaffen könnte. Es wäre allgemein sinnvoller sich von Mensch zu Mensch zu unterstützen mit z.B. Trinkwasser. Von jedem menschlich messbaren Bedarf gibt es genug auf der Welt, wenn der Mensch denn in der Lage wäre, abzugeben ohne zu berechnen und aufeinander nicht neidisch zu sein.

Auch wenn Ansaar International multikulturelle Unterstützung liefert, bleibt diese Hilfsorganisation stets ihren eigenen Wurzeln, dem Islam, treu. So werden Spenden gesammelt für Iftarpakete im Monat Ramadan und es werden Spenden gesammelt, um neugeborene Babys willkommen zu heißen. Es ist in der Scharia üblich für ein neugeborenen Jungen zwei Schafe zu schlachten und für ein neugeborenes Mädchen ein Schaf zu schlachten. Das Fleisch der Tiere wird an bedürftige Menschen verteilt. Diese Schlachtung nennt man Aqiqa. Auch für Aqiqa kann gespendet werden.

An dem islamischen Opferfest sammelt Ansaar International Spenden für den Kurban. Das Schlachttier. Die Tiere für Aqiqa und das Opferfest (Idul adha) werden vor Ort gekauft, da wo das Fleisch später verteilt wird. Dadurch soll die Wirtschaft des Landes gestärkt und Transportkosten gespart werden. Auch die jährlich fällige Zakat kann gerne für das Spendenkonto von Ansaar International verwendet werden.

Ansaar International ist innerhalb von vier Jahren riesengroß geworden. Die Unterstützung findet bereits mit 97 Projekten, in 43 Ländern, auf vier Kontinenten statt. Das sind Afrika, Asien, Europa und Amerika. Eine großartige Geschichte, das Projekt, das aus einer einfachen Idee entstand.

Die erste Reise und wie alles anfing

Ansaar International wurde 2012 gegründet. Damals hieß Ansaar International noch Ansaar Düsseldorf . Kein Mensch dachte daran, dass aus einer kleinen Idee mal eine große Sache würde. Ansaar Düsseldorf war zu der Zeit noch nicht als Verein registriert, hatte aber schon 10 Projekte und 65 Mitglieder aus allem möglichen Teilen Deutschlands.

Es gab schon eine Homepage (**www.ansaar.de**) und man konnte sich auch als Mitglied eintragen und einen Mindestbetrag von 10€ einzahlen, um den Grundbedarf des Vereins damit zu tilgen. Natürlich ist auch ein höherer Betrag stets willkommen. Unter dem Button Kontakt auf der Homepage können Patenschaften übernommen werden und es gibt auch die Möglichkeit, Fragen zu stellen z.B. zu bestimmten Projekten oder wo sich Spendensammelpunkte befinden. Ansaar International findet man unter dem gleichen Namen auf Facebook, Instagram und Youtube.

Bei den ersten Kontaktaufnahmen kommen häufig Fragen, ob man mit auf Auslandsreisen darf. Aber nicht nur die Auslandsreisen sind wichtig. Es werden Leute gebraucht, um Spenden zu sammeln und bis zum Abtransport zur Verteilung zu lagern. Mitglieder, die sehr aktiv sind, können eine Weste bekommen mit dem Vereinslogo auf dem Rücken und feste Mitglieder werden auch ausgestattet von Ansaar International für Auslandsreisen.

Ansaar International legt bis heute einen großen Wert darauf, dass Frauen und Männer zusammen arbeiten. Natürlich nicht von Angesicht zu Angesicht, jedoch trotzdem kollektiv und effektiv.

Unter Ansaar International werden Charityshops geführt. Auch hier gibt es eine Homepage. **www.umma-shop.de**. Der Shop in Düsseldorf hat eine Verkaufsfläche von 300m² und ist nicht nur ein Ladengeschäft, sondern hat auch ein Internetshop. In diesem Shop werden Bücher verkauft, Parfüm, Süßigkeiten, Gebetsutensilien, Naturheilkundeprodukte und Olivenöl aus Palästina, sowie Bekleidung für Frau, Mann und Kind. Ein ganz besonderer

Schick ist die Modekollection Ansaar Clothing. Die Linie heißst Charity Street Waer. Das ist eine Kollektion für Männer, die dem Schick der Sunna des Propheten Muhammad, Friede und Segen auf ihn, ein Markenzeichen verleiht. Die Bekleidung wird von syrischen Flüchtlingen in Deutschland und der Türkei hergestellt. Auch in Gana wird Kleidung hergestellt. In dem Charityshop gibt es eine Leseecke, eine Art Lounge mit Sofas, in der man gemütlich sich hinsetzen kann und und in den Büchern schmökern, während die Frau oder der Mann sich im Laden umsieht. Es gibt ein Cafe`, wo man Kaffee trinken und Kuchen essen kann. Auch der Erlös aus diesem Teil des Geschäfts kommt komplett Ansaar Internatiol zu gute. Das Cafe`hat vier Tage die Woche auf und kann auch für kleinere Hochzeiten oder Aqiqa-Essen gebucht werden. Das Ladengeschäft hat zwei Tage nur für Frauen geöffnet und einen Tag nur für Männer.

Es gibt bereits drei Charityshops in Deutschland, die eigenständig geführt werden, jedoch den gesamten Gewinn als Spende an Ansaar International abtreten.

Aber nun zu dem ersten Projekt, Syrien.
Bei der ersten Idee zu helfen, ging es um Syrien und man unterhielt sich, wie man den Menschen dort wirklich effizient helfen konnte. Es waren fünfzehn Männer, die eine zukunftsträchtige Idee hatten.
Die Idee war, sich mit zwei Krankenwagen, beladen mit Medikamenten, Verbandszeug und einem EKG- Gerät auf nach Syrien zu machen.
Syrien, das Land, das seit 2011 im Bürgerkrieg ist.
War die Idee waghalsig? War die Idee gefährlich? Warum hilft man einfach so Menschen im Kriegsgebiet? Das Kriegsgebiet, wo man sich selbst in Lebensgefahr bringt, wenn man dort hinfährt. Nicht der Weg ist gefährlich, sondern dort zu sein, in Syrien.

Bei all dem Ehrgeiz stellt sich mir heute die Frage: „Wo kommen die

Hilfsgüter her und wie findet die Verteilung der Hilfsgüter statt?"

Der Leiter und Gründer von Ansaar International heißt Abdurahman Kayser. Ein Name, der teils Arabisch ist und teils Deutsch.

Abdurahman Kayser ist Deutscher und im Jahr 1980 geboren. Abdurahman bedeutet Diener des Allerbarmers. Sein bürgerlicher Name ist Joel. Seine Eltern sind Deutsche und schon in der zweiten Generation in Deutschland. Abdurahmans urspüngliche Vorfahren kamen aus Frankreich, aus der Province und aus Russland, dem Kaukasus hierher eingewandert. Er ist somit die dritte Generation seiner Familie hier in Deutschland. Es war für ihn kein Hindernis, dass seine Eltern ohne Glauben lebten, als er ist mit 16 Jahren zum Islam konvertierte. Nichts desto Trotz versuchte er seine Eltern aber immer wieder vom Islam zu überzeugen. Es kann sein, dass seine Mutter bevor sie starb, konvertierte. Seine Vater starb als Nichtmuslim. Islam war damals cool. Abduhrahman war in einer multinationalen Gang, von der aus er in eine kurdische Mafia eintrat, in der der Islam ganz groß geschrieben wurde. Gott zu beleidigen war eine Todsünde. Sobald es um Gott ging, war der Spaß vorbei. So richtig ausgekannt, hat sich aber niemand. Der Muslim, der betet, gehört zu den guten Muslim, so die Ansicht der Jungs. Abduhraham sagte sich: „Ich werde auch mal ein guter Muslim werden und beten." Zu der Zeit hatte er noch wenig Ahnung vom Islam. Keiner der Jungs wusste etwas von Schahada und Wu`du und sonst was. Nur Muslim zu sein, war wichtig. Er interessierte sich jedoch sehr für den Islam und las Geschichten über die Wunder im Quran und der Bestätigung der Wissenschaft. Das überzeugte ihn so, dass er den Islam annahm. Als Jugendlicher war er in einer Gang, in der oft etwas angestellt wurde. Es war ein Leben am Limit und auch manchmal lebensgefährlich. Es war ein Leben in den Ghettos von Düsseldorf. Er war siebzehn Mal vor Gericht und musste sich seiner Taten verantworten. Er sollte zu vier Jahren Knast verurteilt werden, da man ihm vorwarf eine mafiose Struktur gebildet zu haben und ein Dealer zu sein. Es ging damals um 450000 Euro

Drogengeld. Die Jungs der Gang kannten sich so gut aus, dass sie keinen Verteidiger brauchten. Sie kannten sich im Geschäft genauso gut aus wie mit dem Gesetz. Keiner von seinen Jungs glaubte, er käme frei. Aber er hatte Glück und bekam noch mal Bewährung. Damals sprach er auch das erste Mal ein Bittgebet, was ihm von Gott erhört wurde. Das war das Bittgebet um die Befreiung aus dem Knast. Aber auch in dieser Zeit hatte er, da er Umgang hatte mit der sozialen Unterschicht, oft Jugendlichen in Not geholfen. Abdurahman besorgte obdachlosen Kindern, oder Kindern, die illegal in Deutschland waren, eine Unterkunft in Hotels. Einmal besorgte er Kindern ein Zimmer in der obersten Etage in einem Radison SAS Hotel. Diese Hotels gehören der gehobenen Businessclass an. Er verhielt sich stets loyal, verstand, dass es gut ist dem Guten zu folgen und das Schlechte zu vermeiden. Gangmitglied zu sein und zur untersten Schicht zu gehören, bedeutet aber nicht ungebildet zu sein. Abdurahman hat sein Abitur gemacht. Er konnte gut Aufsätze schreiben und hatte einen Hang zur Theatralik und Dramaturgie und ging immer sehr runter, wenn es darum ging, sozialkritisch zu berichten. Seine Deutschlehrerin, die Ehefrau des damaligen Kutusministers in NRW, Frau Gücht, hat ihn sehr geschätzt dafür in der Schule. In seinem Abschlusszeugnis stand später in Deutsch eine 1 und in Mathe hatte er eine 5. Die 5 in Mathe verdiente er sich aber nur, weil er Nachhilfeunterricht bekam. Als junger Mann verdiente er sein Geld mit Musik, Callcenter und einem Kiosk. In seinem Callcenter waren 72 Angestellte beschäftigt, die Lose für die Glücksspirale von SKL (Günter Jauch) verkauften. Nebenbei machte er noch viel Geld mit Drogen.

Heute ist Abdurahman verheiratet und Vater einer neunjährigen Tochter und einem zweijährigen Sohn. Uafa, seine Frau hat er bei der Gründung von Ansaar International kennengelernt Mittlerweile sind beide fünf Jahre verheiratet. Sie und er bilden heute das Bindeglied zwischen Mann und Frau. Seine Frau ist nicht nur die Mitbegründern, sondern auch in der Verwaltung tätig und die Chefin bei den Frauen. Sie ist sehr wichtig, ohne sie wäre Abdurahman nicht da, wo er heute ist mit Ansaar International.

Als junger Mann war er Rapper. Seine Band hieß BTM- Squot. Er hatte sogar einen Vertrag bei Sony- Music. Seine Texte waren sozialkritisch und authentisch. Er war Songwriter und später auch ein Freelanzer. Ein freier Redakteur, der manchmal Artikel für die Westdeutsche Zeitung und den Düsseldorfer Anzeiger schrieb. Bis heute hat er einen Presseausweis, weil er immer noch dabei ist, Berichte in Notsituation zu übermitteln. Er dreht Videos mit Dokumentationen über den Spendenverlauf und die Problematik im Krisen- und Kriegsgebiet. Irgendwann, als er anfing den Islam zu praktizieren, hörte er mit der Musik auf und wollte sich seinen Jugendtraum erfüllen, zu helfen.

Er hatte die große Vision Waisenkinder unterstützen zu wollen. Der Traum war zehn Waisenkinder aufzunehmen und sie in Patenschaft zu bringen. Adurahman Kayser erzählt: „Es gibt einen Hadith, in dem der, der Waisen unterstützt, einen Platz neben dem Propheten Muhammad, Friede und Segen auf ihn, im Paradies bekommen wird."

Er hat es tatsächlich geschafft, Waisenkinder aufzunehmen. Mittlerweile sind es gezählt an die 2000 Waisenkinder, die in Waisenhäusern leben von Ansaar International, ohne die unregistrierten mit einzubeziehen. Ansaar International unterhält das größte Waisenhaus in Gana und Syrien. Ansaar International ist verantwortlich für das größte Krankenhaus in Aleppo und in der Provinz Homs. Zur Zeit wird unter Ansaar International das größte Krankenhaus von Nordsomalia gebaut.

Ansaar Inernational gehört heute mit 450 Helfern zu den drei größten muslimischen Hilfsorganisationen Deutschlands. Die Spenden werden hauptsächlich durch Muslime finanziert, 10% der Spendengelder kommen von Nichtmuslimen. Alles, was transportiert werden kann, ist spendbar. Wenn die Spende benutzbar ist und haltbar. Es geht um Medikamente, Babynahrung, Windeln, Feuchttücher, Kleidung, Nahrungsmittel und auch um Fleisch. Gerade in der Zeit von Ramadan wird zu Spendengelder aufgerufen für Iftarpakete.

Ansaar International steht unter der Beobachtung des Verfassungsschutzes. Das ist aber okay, finde ich. Es geht hier schließlich um Salafismus!!!

Nein, es geht nicht um Salafismus, sondern einfach darum, Menschen zu helfen. Menschen, die sich nicht versorgen können, weil sie eingezingelt sind, weil die Straßen kaputt sind, weil sie beschossen werden und bombardiert. Die Menschen können nicht einfach flüchten, weil sie auf der Flucht noch schutzloser dem Beschuss ausgeliefert sind, weil die Menschen überfallen werden könnten auf ihrem Weg. Frauen auf der Flucht und Kinder auf der Flucht. Alte, Behinderte, Babys. Wie lange kann man ein Baby tragen, wenn man geht? Das Baby muss 500 km getragen werden. Auf dem Arm. Was passiert, wenn die Frau unterwegs menstruiert, wenn sie schwanger ist und kurz vor der Geburt steht?

Frauen sind gefährdet. Das weibliche Geschlecht ist nun mal dem männlichen Geschlecht unterlegen. Es kommt zu Vergewaltigungen, Verschleppung und zu Tötungen.

Aber nun denn. Ansaar International geht dahin, wo Hilfe gebraucht wird. Nicht damit die Menschen fliehen, sondern um den Menschen, da wo sie leben, Hoffnung zu geben und Zuversicht. Ist es ein Tropfen auf den heißen Stein, oder bedeutet Nachhaltigkeit nur Nachschub zu organisieren?

Die erste Reise ging nach Syrien. Drei Männer und zwei Krankenwagen. Abdurahman Kayser fuhr zusammen mit einem Mann aus Bosnien und einem Mann aus Palästina. Es war eine Reise, die über acht Tage ging, 4000 km lang war, über sechs Ländergrenzen ging und das Meer. Die Autos waren beladen und vollgetankt, als es von Düsseldorf aus losging. Ein langer Weg bis nach Syrien. Die Männer fuhren von Deutschland nach Österreich, Italien, Griechenland, Türkei nach Syrien. In Italien ging es mit dem Schiff weiter. 18 Stunden Fahrt über das Meer bis nach Griechenland. Von Griechenland aus fährt man weiter bis an die türkische Grenze. Nur an der türkischen Grenze gab es langen Aufenthalt. Jedes Gepäckstück wurde einzeln kontrolliert. Und die Männer hatten noch Glück gehabt: Andere Reisende wurden bis zu fünf Tage aufgehalten bei den Kontrollen. In Syrien jedoch, war die Einreise wieder leicht. Manchmal zischte es am Himmel.

„Die Bomber Assads" Die Menschen in Syrien waren bereits daran gewöhnt, die Männer von Ansaar International jedoch nicht. Angst hatte es nicht gemacht, aber in jedem Fall nachdenklich. Es ist nicht fassbar, Krieg, wenn man ihn noch nicht gesehen und erlebt hat. Als die Männer über die Bombengeräusche jemanden aus der Bevölkerung fragten, wurde ihnen gesagt, es wäre ungefährlich und ca. 10 km entfernt. Das war unglaublich und im ersten Moment nicht einsehbar: 10 km sind jetzt nicht so weit weg, wenn man davon redet Bomben auf den Kopf zu bekommen. Die Situation war alles andere als normal für die Männer, jedoch für die Bevölkerung tägliches einerlei.

Aber es dauerte nicht lange und dann sah man das Ausmaß des Krieges. Scheinbar aufgeräumte Straßen, Kinder spielten. Aber es lag etwas in der Luft. Man bekam eine Ahnung oder fing langsam an zu begreifen, was es bedeutet, arm zu sein und unter Lebensgefahr zu stehen. Das Leben sah normal aus. Jedoch merkte man, sobald man tiefer und genauer hinschaute, dass die Menschen arm waren und unter Versorgungsmangel standen.

Als die Männer schließlich an dem Krankenhaus ankamen, wurden sie herzlich empfangen. Es begrüßte sie eine Gruppe von Männern, denen man es bereits am Gesicht ansah, wie viel sie schon erlebt hatten. Das Gesicht der Männer war sehr hart, brutal und furchtlos. Bei diesen Männer wurden die Jungs von Ansaar International sehr gut aufgenommen. Sie wurden umsorgt, so als gehörten sie zur Familie und waren ein absoluter Ehrengast. Ein Mann sagte: „Ihr seid die wahren Syrier. Die Syrier, die abgehauen sind und uns einfach zurückgelassen haben, um in Europa eine Pommesbude aufzumachen, die sind nicht mehr von unserem Stamm. Ihr seid unser Stamm und unsere Familie!" Das war echter Patriotismus: Ein Wirgefühl, ohne wirklich Syrier zu sein. Diese Männer zeigten den Jungs von Ansaar International später auch sichere Wege durch das Land, um nicht in Gefahr zu geraten, überfallen zu werden oder gar getötet.

Der erste Krankenwagen kam sofort zum Einsatz und wurde entladen. Ein Arzt aus dem Krankenhaus war sehr gerührt, als es die wertvollen Spenden sah und weinte, als er sagte: „Ihr seid die Ersten, die Medizin bringen und keine Kleidung. Mit der Bekleidung machen wir Verbände, weil wir weder Verbandsmaterial hatten oder sonst etwas, um die Kranken richtig zu versorgen. Sagt der Welt, wir brauchen nicht Eure Kleidung, wir brauchen Essen."

Dieser Arzt ist heute der Chefarzt in einem großen Krankenhaus in Aleppo.

Nicht immer ist alles dort verwendbar, wo es hin geliefert wird. Die Hilfsgüter müssen nützlich verteilt werden. Manchmal fehlt Verbandsmaterial oder Salbe. Anderswo fehlt was anderes.

Ein Kranker brauchte Kortison. Es ist kaum zu glauben, aber in ganz Syrien gibt es kein Kortison. Und das ist nur ein Beispiel. Insulin. In Syrien sterben Diabetiker, weil sie den Wirkstoff nicht bekommen. Eine unglaubliche Situation, die wir hier von Deutschland aus garnicht nachvollziehen können. In dem Krankenhaus wurde mit einem Holzofen geheizt. Noch woanders heizte man mit einem Dieselofen. Diesel ist nicht nur teuer, sondern auch gefährlich, wenn man ihn zum Beheizen der Wohnung benutzt. Kohlenmonoxyd und der Gestank an sich. Dieser Geruch.

Eine andere unglaubliche Situation war der Beschuss von Friedhöfen oder schlimmer noch, die Bombardierung. Die Gräber waren kaputt und auf dem Friedhof war eine Kuhle zugebuddelt, unter der ein Massengrab war. Kann es sein, dass die Feinde (?) denken, dort wären Rebellen oder man versteckt sich dort? Auf dem Friedhof sind nur Steine.

Und wer ist wem da eigentlich alles Feind in Syrien? Es werden Häuser von

Zivilisten beschossen. In den Häusern wohnen Kinder und alte Leute, Frauen und Väter. Was macht die Leute zum Feind, dass sie einfach willkürlich beschossen und bombardiert werden?

Der zweite Krankenwagen ging an ein anderes Krankenhaus und kam dort auch gleich zum Einsatz. Diese Reise hatte sich gelohnt. Es muss immer wieder passieren. Hin und zurück. Spendengelder einsammeln, die Fahrt muss organisiert werden. Nicht nur genug Spenden müssen vorhanden sein, damit sich die Fahrt lohnt, sondern man braucht auch Fahrer und natürlich ein Gefährt. Ein LKW oder einen Lieferwagen.

Die Heimreise wurde mit dem Flugzeug angetreten. Da es aber von Syrien aus unmöglich war die Heimreise nach Deutschland mit einem Flugzeug anzutreten, ging es bis zur türkischen Grenze zu Fuß weiter. Jetzt bekamen die Männer mit, wie es ist, sich wie ein Flüchtling zu fühlen. Nicht weil man tatsächlich flüchtete, sondern man merkte es an der Situation, in die man sich dabei begab. Es ging zu Fuß über Stock und über Stein, Berg und Tal.

Nach dieser einen Reise luden die Brüder das Video auf Youtube hoch und sofort kam es zu einem Riesenhype. Es wurde gelobt, es wurde gespendet, es wurde nachgefragt und auch der Verfassungsschutz wurde neugierig. Kurze Zeit später wurden die Brüder vom Verfassungsschutz zu einem Gespräch eingeladen. Es ging darum, sich gegenseitig kennenzulernen und miteinander zu reden. Es gab ein Gespräch über die Reise, über die Spenden und die Spender, den Zoll und die Ankunft im Kriegsgebiet.

Bis jetzt konnten über Ansaar International 30 Krankenwagen nach Syrien geliefert werden und 2 Feuerwehrwagen. Fünf der Krankenwagen wurden bombardiert, wobei zwei Fahrer starben.

Da, wo es keine Krankenwagen gibt, werden die Schwerverletzten auf Pic-ups abtransportiert oder noch schlimmer, auf dem Gepäckträger eines Mofas. Sobald eine Bombe gefallen ist, gibt es sehr viele schwerverletzte

Menschen. Der, der am härtesten dran ist, kommt auf die Trage in dem Krankenwagen. Alle anderen werden eingesammelt, so wie sie sind. Hauptsache raus und weg da. Sofort in die nächste Krankenstation, um Nothilfe zu erhalten. Im Krankenwagen selber, ist es nur möglich notdürftigst zu versorgen. Erstmal wegen dem Mangel an Platz und weil man nicht unterscheiden kann zwischen wichtig und wichtiger oder schlimm oder schlimmer. Ein Krankenwagen, in dem die maßlose Katastrophe im Angesicht eines unfassbaren Grauens und Verbrechen an der Menschlichkeit passiert. Vielleicht formuliere ich es so: verletzt, verstümmelt oder durch die Detonationswucht komplett abgetrennt. Es fehlen Gliedmaßen oder es gibt teilweise so tiefe Fleischwunden, dass ganze Teile aus dem Bein gerissen sind, so, als wenn dort jemand abgebissen hätte. Überall ist Blut, Geschreie, Panik und Hilflosigkeit.

Syrien

Es gibt Helfer von Ansaar International, die bereits achtzig Mal in Syrien eingereist sind, um Hilfsgüter zu verteilen. Die Spenden. Es kommt mir so vor, als ob Syrien sicher ist. So bekommt man jedenfalls das Gefühl, wenn man so etwas hört.

Nun, Syrien ist nicht sicher. Syrien ist zerstört, Syrien ist am Hungern und Syrien lebt unter medizinischer Unterversorgung. Die Bevölkerung wird von den Truppen Assads beschossen und bombardiert. Assad, der Präsident von Syrien, unterdrückt das Volk und will die muslimische Minderheit auslöschen. Die Schabiha-Miliz, eine Miliz Assads, verschleppte Töchter der Imame, zwang sie zur Heirat und versklavte die Frauen danach.

Im Jahr 2011 kam es auf einer Demonstration gegen das Assadregime zu einer Schießerei in die Menge, wonach sich das syrische Volk bewaffnete. Assad wurde zum Tyrannen und Massenmörder, der 250000 Menschen umbrachte bis jetzt. Unterstützt wird Assad von Russland und dem Iran. Dazu mischen sich noch radikale Schiiten ein. Man nennt diese Gruppe die Hisbolla. Die Hisbolla ist eine Sekte.

Für das syrische Volk stehen die Rebellen, auch Opposition genannt. Es sind 10 große Gruppen, die sich in kleiner Gruppen aufteilen.

Hinzu kommt noch die ISIS. Die ISIS ist eine Gruppe, die einen falschen islamischen Staat gründen wollte. Alles, was unter ISIS passiert, entspricht nicht der islamischen Scharia. Es wurden junge ungebildete Männer geworben und zum Kampf ausgebildet, um sie zu verheizen. Daneben stehen die Charwadisch. Eine von den westlichen Geheimdiensten gegründete Gruppe. Das Ziel ist, den Islam zu diffamieren und Muslime gegen Muslime kämpfen zu lassen. Es sollte sicher sein, dass, wie auch immer, ein Muslim stirbt. Oder schlimmer noch, sich ein Muslim und ein Muslim gegenseitig umbringt. Unter ISIS wurden 25000 Muslime umgebracht. Die Anzahl der tatsächlichen Opfer ist nicht recherchierbar und kann weit höher sein als angegeben. In Syrien gibt es eine Partei namens PKK. Auch die PKK unterstützt Assad. Es ist ein Getümmel in Syrien.

Die Jesiden hielten sich aus dem Krieg raus, wurden aber von ISIS angegriffen, daher gingen die Jesiden nun zur PKK. Die PKK hat dadurch mehr Anhänger gewonnen. Es gibt die IDF und die SDF und jeder dieser Parteien bekämpft die Muslime. Das Ziel ist eine ethnische Säuberung.

Beinahe die ganze Welt mischt sich ein. Putin, der Iran, Assad und die USA. Dabei hat die USA noch die wenigsten Opfer hinterlassen, obwohl die USA unkontrolliert bombardierte. Die USA rüstete die PKK auf. Die Einzigen, die nicht töten, sind die Rebellen. Bei den Rebellen ist man sicher und dort können Hilfsprojekte unbehelligt und gerne durchgeführt werden.

Das Opfer in diesem unbarmherzigen Krieg ist das syrische Volk. Kinder, Mütter und Väter. Manchmal wird eine ganze Familie auf einmal ausgelöscht. Die Einzigen, die Syrien unterstützen, sind die Türkei und Katar. Beide Staaten führen keine Luftangriffe in Syrien durch.

Bis heute sind 470000 Menschen getötet worden. Es wurden 45% des Volkes vertrieben, laut einer Studie. Syrien ist ein zerstörtes Land heute.

Das Team von Ansaar International hat es sich in Syrien zur Aufgabe gemacht, Krankenhäuser zu bauen, Waisenhäuser, Witwenheime und Brotfabriken. Es werden Notpakete gepackt mit Nahrungsmitteln. Selbst die Brotfabriken werden von Assad angegriffen. Das Ziel soll sein, die syrische Bevölkerung unfähig zu machen, sich selbst zu versorgen. Schulen werden bombardiert. Jedes Haus wir dem Erdboden gleich gemacht. Syrien liegt in Trümmern. In den Lagern der Vertriebenen fehlt es an Decken, Nahrung, Medizin, Wasser und Hygiene. Auch diese Lager werden durch das Team von Ansaar International betreut und unterstützt.

Das Krankenhaus in Halab (Aleppo)

Das Krankenhaus in Halab wurde im Juni 2014 gegründet. Es liegt 11 Kilometer von der Stadtgrenze entfernt. Ansaar International baute das Haus selber und machte es bombensicher. Die Männer sind Kriegserfahren und wissen, wie man ein Haus baut, sodass es nicht gleich bei einem Bombentreffer zusammenfällt. Die Wände werden dreifach aufgebaut. Erst kommt eine Wand, dazwischen werden Sandsäcke, Metall, Sand und Beton gesetzt, dahinter kommt wieder eine Wand. Das Hospital wurde 24 Mal bombardiert. Erst beim 25ten Mal ging das Haus so kaputt, dass es nicht mehr nutzbar war. Wie durch ein Wunder gab es 2016 bei der endgültigen Zerstörung nur einen Toten.

Die Untersuchungsgeräte kommen per Container über die Türkei nach Syrien. Manche Geräte kann man auch im Inland kaufen. Händler liefern von Nordkorea, Kuwait und Qatar.

Bis zu 120 Patienten werden täglich, kostenlos behandelt. Um dem Behandlungsbedarf gerecht zu werden, sind 56 Angestellte nötig. Ärzte, Krankenschwester, Pfleger und Reinigungspersonal,

In diesem Krankenhaus werden Menschen behandelt mit allen möglichen Verletzungen. Es werden Menschen eingeliefert, deren Gliedmaßen zerfetzt oder abgerissen sind. Manchmal muss ein Bein oder Arm amputiert werden. Es werden Kinder und Babys eingeliefert, die nicht mehr alleine atmen können. Diese Babys müssen beatmet und wiederbelebt werden. Brandopfer werden hereingetragen, Opfer mit Verätzungen durch Säure. Durchtrennte Zungen.

Kurz nach einer Bombardierung kommt es im Krankenhaus zu einer unüberschaubaren Situation. Innerhalb kürzester Zeit ist das Krankenhaus überfüllt. Es werden Schwerverletzte eingeliefert, oder Menschen, die durch ihre Verletzung näher dem Tod stehen als dem Leben. Die Situation sprengt dermaßen die Kapazität, dass Verwundete auf dem Flur operiert und notversorgt werden.

Es gibt nicht genug Verbandsmaterial, sodass mit Stofffetzen und Kleiderspenden die Wunde verbunden wird. An anderer Stelle fehlt es an Betäubungsmitteln. Es wird ohne Betäubung operiert und sogar amputiert. Da es auch an OP- Werkzeugen fehlt, wie Skalpell, operiert man mit vorher sterilisierten Akkuschraubern und mit normalen Schraubenziehern, die vorher sterilisiert wurden. Zwischendrinn hört man die Schmerzensschreie der Verletzten. Die Schreie von Kinder, Erwachsenen und auch von Babys. Während all dies passiert, steht das Krankenhaus unter Beschuss und wird angegriffen. Detonationen in der Nähe, Schüsse. Über dem Krankenhaus fliegen Bomber, um ihr neues Ziel in Visier zu nehmen.

Zwei Jahre nach der Eröffnung des Krankenhauses wurde das Krankenhaus durch einen Bombenangriff total zerstört. Bei vorangegangenen Angriffen wurde nie getroffen, sondern immer daneben gebombt. Es war eher so, dass man mit einem Schrecken davon kam. Bei diesem letzten Angriff war es jedoch anders: Die Russen schossen Bodenraketen ab und trafen den unterirdisch gelegenen OP-Saal. Die Bomben rissen den Boden auf. Es waren 2-3 Bomben, die das Krankenhaus trafen. Kurze Zeit später kamen Helikopter von Assad und warfen Fassbomben ab. Fassbomben sind mit Sprengstoff gefüllte Bomben mit einer Zündschnur, in der Splitter oder Nägel mit eingearbeitet sind. Die Bomben sind nicht immer Fässer, sondern es können auch umfunktionierte Heizkessel oder Warmwasserboiler sein, die abgeworfen werden. Bei der Explosion kommt es zu einer Streuung von kleinen Geschossen, bei denen man das Ziel nicht einschätzen kann. Die Wirkung ist besonders gefährlich, wenn ein Splitter auf weiche Teile trifft, wie z.B. der Körper eines Menschen.

Bei dem Angriff wurde ein Gebäude komplett zerstört, ein anderes wurde unbrauchbar. Es war überall Staub und die Patienten liefen in wilder Panik und Geschrei durcheinander. Zu diesem Zeitpunkt waren ca. 100 Patienten in Behandlung, in unterschiedlicher Verfassung und unterschiedlichem

Gesundheitszustand. Es war ein Tag wie immer, als der letzte Angriff das Krankenhaus zerstörte. Alle Patienten konnten evakuiert werden. Auch konnten 80 % der medizinischen Untersuchungs- und Behandlungsgeräte unbeschadet aus dem Krankenhaus transportiert werden.

Alle Beteiligten hatten sehr viel Glück. Es gab nur einen einzigen Toten bei diesem Angriff. Ein Patient, der sich gerade auf den Weg zum Krankenhaus machte, wurde bei den Angriffen der Fassbomben durch die Splitter so stark getroffen, dass er später seinen Verletzungen erlag.

Die Art, wie Ansaar International die Häuser baut, hat allen Menschen das Leben gerettet. Es hat sich Alhamdullilahi ausbezahlt, dass die Männer von Ansaar wissen, wie man ein Haus bombensicher baut.

Im Quran steht in Sure 3, Vers 145: *„Keiner Seele ist erlaubt zu sterben, es sei denn mit Gottes Erlaubnis, und nach einer befristeten Bestimmung."*

An diesem Tag, im September 2016, wurde nicht nur dieses Krankenhaus zerstört, sondern auch noch vier andere Krankenhäuser in dem gleichen Gebiet. Etwa 100000 Menschen waren plötzlich ohne medizinische Versorgung. Das Einzige, was noch da war, waren die Ärzte. Das Wort „Notversorgung" war hier eine Luxusvorstellung. Das ganze System brach zusammen.

Ansaar International baute das Krankenhaus wieder auf in Halab.

Derzeit sind Krankenhäuser in Dar Al Kabeera (Homs), Al Hula (Homs) und Hama Province. Alhula fertig gestellt. Ein weiteres Krankenhaus ist in Aleppo Province Lataika Province geplant.

Die Krankenhäuser sind teilweise unter der Erde.

Das Waisenhaus in Halab (Aleppo)

In Aleppo gibt es mehrere Waisenhäuser. Uns interessiert jetzt das Ansaar Waisenhaus Rahma in der Provinz Aleppo. Es ist im gleichen Stil gebaut wie die Krankenhäuser. Das bedeutet, auch die Waisenhäuser werden Bombensicher gebaut. Die Zimmer sind bunt bemalt. Zumeist ist es so, dass die Kinder in einem Schlafraum mit bis zu zehn Kindern oder mehr in Hochbetten schlafen. Das Waisenhaus verfügt über drei Etagen und beherbergt 350 Kinder. Die Bauzeit dauerte drei Jahre. Jungen und Mädchen sind getrennt. Wenn die Kinder im Waisenhaus ankommen, sind sie zumeist sehr unterernährt, verschmutzt, traumatisiert und verstört. Um die Kinder psychisch wieder aufzubauen, stehen zehn Psychologinnen zur Verfügung. Dazu kommen 51 Angestellte, die im Waisenhaus arbeiten. Das sind Kinderbetreuer, Köche, Putzfrauen und Lehrer. Die Verwaltung nicht zu vergessen, die gehört auch immer dazu.

Ab dem Zeitpunkt, an dem die Kinder sich im Waisenhaus befinden, werden sie in einen normalen Tagesablauf integriert. Es wird zu den feststehenden Gebetszeiten gebetet, regelmäßig zu einer bestimmten Mahlzeit zeitgerecht gegessen, es wird Quran gelesen, es gibt Sportveranstaltungen wie Fussballspiele und die Kinder werden in einer Schule unterrichtet. Auch müssen die Kinder Hausaufgaben machen. Es gibt feststehende Ruhezeiten am Nachmittag und natürlich eine gemeinsame Bettgehzeit.

Die Kinder haben von Ansaar International einen Sportanzug mit dem Ansaar-Logo geschenkt bekommen. Die Jungen tragen türkis und die Mädchen pink. Eine tolle Idee, so etwas.

Die Kinder nennen das Waisenhaus liebevoll den Kinderpalast oder die Kinderbotschaft. Wenn Verwandte die Kinder besuchen, sind sie sehr erstaunt, wie schön das Waisenhaus ist und sagen, sie würden gerne auch dort mit einziehen. Das Waisenhaus ist wirklich sehr kinderfreundlich und mit ganz viel Liebe gestaltet worden. Sogar für deutsche Verhältnisse. Es ist wunderschön.

In dem Waisenhaus werden Waisenkinder untergebracht, die wirklich keine Verwandten mehr haben. Manchmal wird eine Tante oder Mutter mit aufgenommen, die zur Unterstützung der Arbeit, wie kochen und putzen, in dem Waisenhaus als Bedienstete mit leben. Im islamischen Recht ist es so, dass Waisen (arab. Jatim) Waisen sind, wenn der Vater vor der Pubertät gestorben ist. Die Mutter ist dann nicht mehr alleine versorgungsfähig. Wenn der Vater nach der Pubertät verstirbt, sind die Kinder keine Waisen mehr. Waisen sind auch Kinder, die gar keine Eltern mehr haben. Normalerweise ist es so, dass Kinder ohne Eltern automatisch bei Verwandten unterkommen. Da wir uns aber in Syrien im Kriegsgebiet befinden, ist es möglich, dass die Verwandtschaft der Kindern komplett dem Krieg zum Opfer gefallen ist. Die Waisenkinder lebten in Erdlöchern, um sich vor den Bomben zu schützen. Die Eltern der Kinder starben bei Bombenangriffen durch Russland oder Assad, bei denen die Häuser zerstört wurden und unbewohnbar. Es starben die Geschwister. Manchmal kommt es sogar vor, dass die Kinder direkt sahen, wie der Vater nach einem Angriff seinen Verletzungen erlag.

Die meisten Flüchtlinge in Syrien sind Binnenflüchtlinge. Das sind Flüchtlinge aus dem eigenen Land. Das Volk der Syrier wird aus ihrem Wohngebieten vertrieben, so dass die Familien auf Hügeln oder in den Bergen, irgendwo innerhalb des eigenen Landes leben.

In Syrien gibt es ungefähr 60000 obdachlose Kinder. Eintausend Kinder davon sind ohne Familie und leben in Zelten. Ansaar International konnte 350 Kinder von ihnen aufnehmen. Nun, dieses Waisenhaus Rahma, ist ein Pilotprojekt. Dieses Pilotprojekt ist sehr gelungen und inschallah, so Gott will, wird es noch so eine Waisenhaus geben, wie dieses.

Für die Kinder im Waisenhaus können Patenschaften übernommen werden. Mit den Spendengeldern der Patenschaften wird der Lebensunterhalt für die Kinder finanziert.

Das Witwenheim in Reyhanli

Das Witwenheim in Reyhanli liegt ungefähr drei Kilometer hinter der syrischen Grenze, in der Türkei. Der Grenzübergang ist in Babelhawa. Es ist ein Wohngebiet in mitten von Nichts. Das Witwenheim heißt Beyt´ul Emin-Haus der Sicherheit. In diesem Haus können 60 bis 80 Frauen aufgenommen werden, einschließlich deren Kinder. Der Eingang des Witwenheimes befindet sich hinter der Verwaltung, sodass wirklich nur Menschen Zugang zum Haus bekommen, die angemeldet sind und etwas dort zu suchen haben. Das Gebäude umgibt eine Mauer.

In diesem Witwenheim werden Frauen aufgenommen, die von Syrien aus geflüchtet sind und ohne weiteren Anhang sind. Das Schicksal ist eigentlich immer das Gleiche: Die Häuser wurden zerbombt und unbewohnbar. Auch die Straßen wurden unpassierbar. Russland feuerte systematisch Bomben ab, sodass das Land schwarz verkohlte und die Häuser unbewohnbar. Teilweise waren die Kinder dabei, als ihre Väter durch die Verletzungen umkamen. Die Kinder sahen, wie ihre Väter verbluteten, durch Granatsplitter zerfetzt wurden, oder der Körper aufgesprengt wurde. Der Vater wurde verschüttet und man fand ihn tot in den Trümmern. Die Frauen waren lange auf der Flucht, bevor sie mit ihren Kindern am Ziel, Babelhawa waren. Es ging über Stock und Stein, über Felder und Berge oder die Frauen nahmen bestimmte Flüchtlingsrouten. Zwischendurch hausten sie in Erdlöchern, die des Nachts von Schlangen heimgesucht worden. Auch gegen Schlangen mussten die Kinder und Frauen sich zur Wehr setzen. Ansaar International suchte die Frauen zwischendurch auf und versorgte sie mit Lebensmittelpaketen, die immer vor Ort gekauft werden. In den Lebensmittelpaketen sind zumeist Mehl, Reis, Bulgur, Zucker, Salz, Öl, Thunfischdosen oder andere Fleischkonserven, Öl und Tee enthalten. Auch Babynahrung ist in den Notpaketen enthalten. Da die Mütter kurz nach den Entbindung keine Mich mehr haben, um ihre Babys zu stillen, ist besonders

Babymilch wichtig. Die Frauen sind sehr unterernährt und weil es nicht genug Wasser gibt, setzt die Muttermilchbildung aus. Die Babys bekommen nur noch Wasser, das keine Nährstoffe enthält, sodass die Babys binnen kürzester Zeit unterernährt sind und dem Hungertod nahe. So traurig es klingt, selbst mir, die schreibt, kommt langsam die Normalität hoch. Am Anfang wusste ich nicht was Krieg bedeutet. Jetzt, wo ich langsam anfange alles zu verstehen und wirklich sehe und erfahre, was in Syrien passiert, bin ich einfach nur noch bestürzt über die Hoffnungslosigkeit. Wie wird es weiter gehen mit diesen Frauen und deren Kindern? Geht es weiter, oder stehen die Waisenfamilien nur kurz vor ihrem tatsächlichen Ende? Allah weiß es am Besten. Aber wenigstens sind alle jetzt in der Türkei und außerhalb des Kriegsgebietes, Syrien. Manche Frauen haben bis zu acht Kinder dabei. Vollwaisen und Waisen.

Aber ich bin froh. Froh um die Spenden von Ansaar International, die an die Bevölkerung direkt weiter gegeben werden. Nicht immer werden alle Spenden, wie Nahrungsmittel, mit dem LKW nach Syrien gefahren, sondern die Notversorgung wird direkt vor Ort von Händlern erworben . So wird zusätzlich noch die Wirtschaft gestärkt und die Kaufmannsfamilie mit einem Bargeschäft versorgt.

Die Frauen bleiben ca. zwei Monate und werden in dieser Zeit durch das Team Ansaar International bei Behördengängen unterstützt. Ansaar International übernimmt für die Frauen die Registrierung beim Staat, damit die Frauen mit ihren Kindern eine Flüchtlingskarte bekommen oder vielleicht später sogar, die türkische Staatsbürgerschaft. Die Frauen bekommen im Witwenheim ein Zimmer und können sich selbst versorgen. Die Frauen werden so eingeteilt, dass sie mit anderen Frauen zusammen passen. Es soll harmonisch zusammen gelebt werden und auch so, dass die Frauen sich gegenseitig unterstützen und es keine Verfeindungen gibt. Denn es ist nun mal so: Nicht jeder passt mit jedem zusammen. Jeder Frau, die sich im Witwenheim befindet, werden monatlich 150,-€ zur freien

Verfügung ausbezahlt, ohne dass die Frauen dafür arbeiten müssen und das Geld zurück geben. Das Geld ist für die Frauen und soll sie unterstützen und letztendlich auch beschützen, davor, dass sie nicht bei irgendwelchen Leuten in einer Garage hausen müssen. In manchen Familien, die einen Garage für die Frauen zur Verfügung stellen, geht es gut und die Frauen bekommen Arbeit und werden gut behandelt. Andere Frauen in gleicher Situation haben da weniger Glück. Nicht jeder Mann hat eine gute Absicht, wenn er Frauen aufnimmt. Viele Männer nutzen die Notsituation der Frauen aus und lassen sie für einen Hungerlohn arbeiten. Außerdem sind Fälle bekannt, in denen der Garagenbesitzer die Frauen sexuell belästigte oder sogar vergewaltigte.

Wenn die zwei Monate rum sind, ist die Registrierung beim Staat abgeschlossen, so dass die Frauen zu meist ausziehen, um in der nahe gelegenen Stadt eine Arbeit zu suchen. Die Stadt liegt mit dem Auto etwa fünf Minuten Fahrt entfernt.

Die Flüchtlingscamps

In den Flüchtlingscamps leben ca. 500 Familien in Zelten. Die Menschen flüchteten aus ihrer Heimat, weil entweder ihr Haus zerstört wurde oder die Gefahr bestand, durch Angriffe in ihrer Nähe getötet zu werden. In den Flüchtlingscamps ist es sandig, es ist schmutzig und es gibt nur eine Toilette für alle. Die Toiletten sind sehr einfach gebaut und bestehen eigentlich nur aus einem Loch. Der Abfluss entweicht aus der Erde, sodass es grauenvoll nach Kot und Urin stinkt. Diese Situation lockt Tier an, Fliegen und es kann zu Krankheiten kommen, bedingt durch die hygienischen Zustände. Ganz besonders wichtig in den Flüchtlingscamps sind daher Hygieneartikel wie Feuchttücher, Tampons und Binden. Die Babys brauchen Windeln. Wasser zu haben ist eine Luxusvorstellung in den Flüchtlingscamps. Mit diesen für uns leicht zu erwerbenden Hygieneartikeln kann man das Leben der Flüchtlinge in die Königsklasse aufwerten. Für uns ist es in Deutschland, ohne diese Drogerieartikel leben zu müssen, unvorstellbar. Die Frauen in den Flüchtlingscamps müssten ohne Binden oder Tampons ihre Periode mit Tüchern aushalten, die sie zwischendurch auswaschen. Bei Stoffwindeln genau das Gleiche. Bei uns steckt man Fließ zwischen den Stoff und wirft den Fließ einfach in den Müll, wenn er verbraucht ist. In den Flüchtlingscamps gibt es weder ein Müll noch genug Wasser. Körperhygiene ist sehr wichtig und schützt den Menschen vor Krankheiten. Ansaar International liefert in die Flüchtlingslager Lebensmittel.

Es gibt noch andere Hilfsorganisationen, die aber mit den gleichen Hilfspaketen vor der Grenze stehen bleiben, weil sich sich nicht in Syrien reintrauen. Die Helfer geben die Hilfspakete ab an Händler, die sie mit dem LKW abtransportieren und gegen Endgeld verkaufen. Auch die Händler müssen leben und Benzin bezahlen und ihre Familien versorgen. Es gibt Familien in den Flüchtlingscamps, die gar kein Geld mehr haben und deswegen leer ausgehen. Umso glücklicher sind die Familien über die Hilfe von Ansaar International. Denn diese Hilfe ist wirklich umsonst.

Da frage ich mich gerade, warum die Männer von Ansaar International in das Land fahren, das so gefährlich vom Krieg geplagt ist? Ich habe noch nichts gehört von einer Greencard, die einem die Fähigkeit gibt, immun gegen Bombentreffer zu sein. Die Antwort ist ganz einfach: Die Männer von Ansaar International kennen sich im Gebiet aus und wissen, wo es zumindest am Boden ungefährlich ist, zu reisen. Vor Bomben kann sich kein Mensch schützen. Die Bomben kommen unerwartet und von oben. Man kann die Bomben noch nicht mal erahnen. „Wenn es kracht, dann kracht es".

Die Zelte der Flüchtlinge sind einfache Plastikzelte. Im Sommer ist es stickig und brütend heiß darin, im Winter ist es bitterkalt. Die Menschen haben nur dünne Decken und kriechen mit mehreren Leuten darunter, um sich gegenseitig warmzuhalten. Besonders kleine Babys und Kinder sind gefährdet. Es sind schon viele Kinder erfroren auf Grund der niedrigen Temperaturen im Winter. Besonders im Winter ist diese Zeltliegenschaft problematisch: Wenn es schneit, setzt sich der Schnee auf dem Zeltdach ab, sodass das Zelt einstürzen kann. Manche Menschen kochen im Zelt mit einen Gaskocher. Das kann sehr gefährlich sein. Einerseits wegen der Brandgefahr und andererseits wegen der Gefahr von Kohlenmonoxid. Wenn es regnet, sind die Zelte undicht. Man kann diese Behausung, wenn man sie denn so nennen kann, eher als Unterschlupf bezeichnen. Die Zelte stehen dicht an dicht. Es laufen viele Menschen umher. Manche der Kinder haben keine Schuhe an. Überall liegt Papier rum und anderer Müll.

Die Brotfabriken in Homs

Über Ansaar International wurden in Syrien bisher drei Brotfabriken gebaut. Die Produktion der Brote läuft, von der Teigverarbeitung bis zur Herstellung und Verpackung, vollautomatisch. Es werden fünf Brote in ein Paket gepackt. Über eine Million Brote werden so im Monat kostenlos von den Fabriken aus an die Bevölkerung verteilt. Um ein Brot herzustellen, braucht man Mehl, Hefe, Salz und Wasser. Ansaar International hat die Brotfabrik gebaut und liefert die Rohstoffe für die Brote. Die Maschinen zur Brotherstellung werden elektrisch betrieben.

Die Brotfakriken sind sehr wichtig für die Bevölkerung, da diese direkt im umstellten Gebiet sind. Ohne diese Brotfabriken würden viele Menschen verhungern.

Nachwort

Als ich damals anfing zu schreiben, hatte ich die Idee etwas über Syrien schreiben zu wollen. Das Land, in dem schon lange der Bürgerkrieg wütet und eigentlich jeder nur das Elend sieht aber nie einen Ausweg.

Irgendwie bin ich in Kontakt gekommen mit Bruder Abdurahman und er erzählte mir etwas über die Zustände in Syrien und wir begannen die Hilfsprojekte vorzustellen, die Ansaar International in Syrien bereit stellt. Auch begannen wir eine Biografie zuschreiben über ihn und die Anfänge von Ansaar International überhaupt.

Ich habe innerhalb dieser Arbeit gemerkt, dass ich, so wie ich jetzt schreibe, weder Bruder Abdurahman in seiner Biografie ausreichend gerecht werde noch Ansaar International. Aber ich habe einen Einblick bekommen, wie Ansaar International arbeitet und auch konnte ich Bruder Abdurahman etwas kennen lernen. Beides war sehr spannend für mich.

Ich denke, es geht mir in diesem Heft genau wie den Jungs, als sie damals anfingen und ihren Verein Ansaar Düsseldorf nannten. Das Projekt ist so schnell groß geworden, dass keiner gucken konnte.

Ich bin mir heute auch nicht sicher, ob ich wirklich die Autorin bin dieses kleinen Heftchen. Ich habe zwar alles geschrieben, jedoch ohne Bruder Abdurahman und seine Unterstützung, wäre es nie so weitreichend und ausführlich geworden.

Vielen Dank an dieser Stelle für die gelungene Zusammenarbeit.

Andrea Mohamed Hamroune

Hier noch etwas Wichtiges zum Schluss

www.ansaar.de
info@ansaar.de

www.umma-shop.de

Bankverbindung
Name: WWR
IBAN: DE91 3016 0213 0302 0260 1
BIC: GENODED1DNE
BANK: Volksbank Düsseldorf Neuss

Bei den Spenden ist es möglich das Projekt, welches man unterstützen möchte, anhand eines Codes auszuwählen. Die Codes findet man dazu auf der Homepage, ganz unten auf der Seite des jeweiligen Projekts unter dem Button Verwendungszweck.

Spendencodes für Syrien

Waisenhaus	ADS3
Krankenhaus	ADS8
Witwenheim	ADS9
Krankenwagen	ADS1
Schule	ADS6
Wasser in der Todeszone	ADS

Es ist sehr wertvoll immer mal wieder auf die Homepage zu gehen von Ansaar International, da das Projekt sehr groß ist und sich auch ständig weiter entwickelt.

Bitte besuchen Sie auch die Homepage des Verlages

www.assira-verlag.de